REUNIONS D'ETUDES SOCIALES

DE

LA JEUNESSE ROYALISTE DE PARIS

LE DROIT D'ASSOCIATION

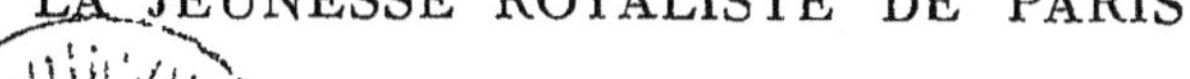

LE DROIT D'ASSOCIATION

Le droit d'association consiste en la faculté pour les particuliers, dans une société politique déja constituée, de réunir librement leurs volontés et leurs énergies pour la poursuite d'un but commun, a la condition qu'il soit honnête.

Il comprend deux notions ou mieux deux droits, distincts pour l'esprit, mais indissolublement liés l'un a l'autre dans l'application, le second complétant le premier et pouvant seul lui assurer sa pleine efficacité :

1° Droit de réunion et d'association proprement dit, c'est-a-dire faculté pour les individus de se rapprocher afin d'échanger leurs idées et leurs vues, de se grouper pour agir en commun de façon permanente.

2° Droit pour ce groupe de former un être moral destiné à réaliser une œuvre que chacun de ses membres n'eût pu accomplir individuellement, être agissant et distinct des personnalités qui le composent, être réel capable d'assumer des obligations et d'avoir des droits, d'acquérir et de posséder un patrimoine, être constitué par le faisceau des volontés individuelles à la poursuite d'une fin unique.

Ainsi comprise, l'association est légitime, elle constitue bien, ainsi que l'a écrit Mgr le Comte de Paris, *une liberté nécessaire* pour l'activité humaine, elle doit être reconnue et consacrée par le législateur.

1° Naturelle à l'homme, l'association est indispensable a l'épanouissement complet de ses facultés et de ses énergies Quelle que soit sa position sociale, l'homme isolé est faible : essentiellement

fait pour la société, quoique dise J.-J. Rousseau, il a besoin de
faire appel à ses semblables pour la défense et le développement
de leurs intérêts communs ; ce besoin devient nécessité, s'il s'agit
de réaliser une entreprise persistante, de fonder une œuvre grande,
destinée comme telle a lui survivre. L'association, c'est l'individu
renforcé et prolongé au dela des limites fixées par la brièveté de
la vie; il la recherche par instinct et elle est bienfaisante. Aussi
elle a été bénie de Dieu même dans l'ordre surnaturel (1), et l'association libre a toujours été favorisée par l'Eglise respectueuse de
la nature humaine (2).

2° Chez un peuple parvenu a un degré élevé de civilisation,
l'association acquiert une importance particulière et revêt un ca-
ractère supérieur d'utilité pratique, la tendance des citoyens a se
rapprocher augmentant en proportion de l'accroissement de leurs
besoins. Seule, l'association libre donnera satisfaction suffisante a
ces besoins, auxquelles l'Etat centralisé, sans mission pour cela,
pourvoit mal et par des procédés onéreux, tracassiers et oppressifs.
Seule aussi dans nos sociétés modernes, elle assurera le respect des
droits des faibles et l'ordre social lui-même en consolidant « les sables
mouvants de la démocratie » (3). Seule, elle sera l'antidote efficace
contre les dangers de notre individualisme français qui, morcelant
les forces vives et isolant les individus, affaiblit les traditions et
éteint l'esprit de corps.

3° Mais, s'il est juste en même temps qu'utile d'autoriser large-
ment la création des associations, il faut de toute nécessité leur at-
tribuer la personnalité juridique, l'existence a l'état de *corps*, sui-
vant l'expression ancienne, avec faculté d'être propriétaire, d'acquérir, d'administrer et d'aliéner leurs biens. Sinon, laissant naître
l'association, on l'empêche de vivre; la reconnaissant, on lui en-
lève tout moyen d'atteindre son but. Le fait d'exister implique le
droit de se procurer ce qui est nécessaire à sa conservation et a sa
fin ; le droit de posséder collectivement est donc une conséquence
forcée du droit de s'associer et, si celui-ci est de droit naturel, il en
est de même de l'autre, son corollaire obligatoire, tous deux cons-
tituant une manifestation de la liberté et de la propriété individuelle.

Sans doute, chaque associé ayant distrait librement une part de
son patrimoine pour l'affecter a une œuvre exigeant les forces et
la durée d'une collectivité, la capacité de posséder reposera sur
une entité a part ; mais cet être nouveau, fictif en un certain sens,
est bien réel cependant, car il n'est autre que le faisceau des vo-

---

(1) Efficacité spéciale promise par Notre-Seigneur Jésus-Christ à la
prière *associee*. (Saint Matthieu, XVIII, 19, 20).
(2) Voir notamment l'encyclique *De conditione opificum*
(3) Mgr le Comte de Paris, *Une liberte nécessaire*, p. 6.

lontés individuelles unies en vue d'une fin déterminée. C'est un être réel, au même titre que l'Etat : comme l'Etat, à côté d'un élément matériel, les individus réunis avec une organisation propre, il présente un élément intellectuel, les volontés de ces individus unes dans leur objet si elles sont distinctes dans leurs sujets. Si la personne morale est imaginaire, il y a une collectivité de personnalités individuelles vivantes et l'on ne peut pas refuser la capacité juridique a une collectivité du moment qu'elle lui est nécessaire pour accomplir œuvre utile. Les hommes impartiaux le reconnaissent chaque jour davantage (1).

Les faits du reste parlent plus haut encore L'association est-elle prohibée dans une nation civilisée, les sanctions les plus sévères n'assureront pas l'application d'une telle loi ; l'association se pio duira néanmoins parce qu'elle est naturelle a l'homme ; immédiate ment aussi, elle constituera un être à part, nié par les textes, mais éclatant dans les faits et, pour s'exercer de façon occulte, son droit d'acquérir et de posséder n'en sera pas moins réel et effectif.

Par la même, le devoir du législateur est tout tracé : chargé de garantir à chacun la jouissance entière de ses droits naturels sauf a les concilier avec ceux d'autrui, il respectera, facilitera même l'exercice du droit d'association et précisera les conditions, réduites au strict minimum, que devra remplir une société pour acquérir *ipso facto*, en vertu du droit commun, la personnalité juridique avec les droits y attachés. Les seules limites a cet exercice seront celles exigées par l'intérêt supérieur de la Sociéte.

Législation positive française.

Tout autre et de longue date a été la conception du droit public français distinguant profondément le droit d'association et l'acquisition de la personnalité civile. Thouret, parlant en 1789 devant l'Assemblée Constituante, considérait l'association comme un droit

(1) Cette constatation se retrouve même chez les hommes les plus opposés à nos idées. Pour M. Acollas, la personnalité civile « est une conséquence tout aussi légitime de la liberté des individus que le droit d'association ». D'après M. Clamageran, « refuser aux corporations toute espèce de propriété serait les réduire a une impuissance complète » (*Journal des Econ.*, 1861 p. 501). M. Pascal Duprat estime que « l association, pour arriver a son but, a besoin de moyens materiels plus ou moins importants. Il en résulte pour elle un droit de propriéte d'une certaine nature. Le devoir du législateur est de faire place a ce droit ». (*Journal des Econ*, 1865, t. 45, p. 172). Pour M. Minghetti, (*L'Eglise et l'Etat*, traduit par Bouquet, 1882), « la propriété est le complément de la liberté et il n'y a pas au monde un but qu'on puisse atteindre, fût-il le plus ideal, le plus abstrait, sans quelque moyen matériel. S'il est vrai que

naturel, mais faisait uniquement résulter la personnalité morale, droit purement civil, d'un acte libre de la puissance publique qui fait les êtres collectifs quand et comme elle le veut et les anéantit a son gré si elle les juge inutiles ou nuisibles. En soutenant cette thèse d'ailleurs, Thouret ne fait que résumer la jurisprudence dernière du Droit ancien. Celui-ci, parmi les associations libres en général, punissait les seules *assemblées illicites, faites à mauvais dessein dans un certain nombre* (1) ; mais, sous l'influence des légistes, trop enclins, dans la poursuite de l'unité nationale, à emprunter sans distinction **au Droit romain** toutes les théories susceptibles de fortifier l'autorité royale, il réservait au souverain le droit de créer comme de supprimer les personnes morales (2). Une fois constituées même, qu'elles fussent religieuses ou profanes, ces personnes ne pouvaient recevoir de libéralités sans lettres patentes enregistrées au Parlement (3) ; du moins, s'il y avait contestation de la part des héritiers, c'était la Justice, non l'Etat, qui réduisait la donation *ad legitimum modum*, eu égard aux biens du défunt et autres circonstances.

Cette distinction entre l'association libre et l'acquisition de la personnalité civile dépendant du bon plaisir du Pouvoir semble bien avoir été adoptée par la Constituante. Si, point important a noter, la liberté d'association n'est pas mentionnée dans la Déclaration des Droits de l'homme, le décret du 14 décembre 1789 et la Constitution du 3 septembre 1791 autorisent les réunions paisibles et sans armes et la liberté d'association est formellement consacrée par la loi des 13-19 novembre 1790 ; le décret des 14-17 juin 1791, privant de ce bénéfice le commerce et l'industrie, peut s'expliquer par les résistances opposées à l'abolition des jurandes et des maîtrises (4). En fait, ces libertés profitent exclusive-

l'être collectif est un produit naturel des tendances de l'homme..., on pourra bien dire que la loi le reconnaît, le règle, le limite, mais non qu'elle le crée ». Sur cette théorie et sa justification, voir MM. G. Alix, *De la liberté d'association*, conférence, 1894, et Terrat, *Note sur le projet de loi Goblet, Le Monde* du 20 janvier 1896.

(1) « Si l'assemblée ne se fait pas dans le dessein de faire aucun trouble ni dommage envers quelqu'un, elle ne doit pas être punie » (Jousse, *Tr. just. crim.*, t. IV, p. 67) Les prohibitions absolues portées contre celles faites *sous prétexte de religion* (Ordonnances 1483, 1559, 1567, 1610, 1724) s'expliquent parce qu'il y avait la de vraies associations politiques et antinationales.

(2) Toute création de corps constitués est interdite « sans permission expresse de Nous par lettres patentes bien et dûment enregistrées dans nos Cours et Parlements ». (Edits septembre 1666, août 1749).

(3) Edits août 1669, août 1749. A l'origine, au contraire, il n'y avait pas d'entrave apportée aux fondations.

(4) Il copie l'édit de 1776, inspiré par Turgot, interdisant « à tous maîtres, compagnons, apprentis et ouvriers de former aucune association ni assemblée entre eux, sous quelque prétexte que ce pût être ».

ment aux clubs et groupements politiques que la loi du 13 juin 1793 (art. 2) autorisera bientôt sous le nom de *Sociétés populaires* (1). En même temps, tous les établissements et corps autonomes existant jusqu'alors sont ou purement et simplement supprimés ou absorbés par l'Etat a titre de services publics (2); on ne veut plus de corporations entre l'Etat et les individus (3).

Tels ont été les débuts de la législation individualiste qui a progressé depuis lors. Sans doute les associations ont reparu par la force des choses, mais, restreignant et précisant le sens du mot association qu'il oppose à celui de société, le langage juridique moderne réserve la première qualification a cette classe de collectivités qui poursuivent un but général et élevé, où l'intérêt pécuniaire et individuel n'a pas un rôle prépondérant. Pour les *sociétés*, formées exclusivement par l'intérêt privé en vue de partager un bénéfice, la loi se fera de plus en plus douce et, a l'heure actuelle, les sociétés de capitaux acquièrent *de plano* la personnalité juridique (4) à la seule condition de remplir quelques formalités très simples. Tout autre est la situation faite aux *associations* désintéressées : non seulement la personnalité civile ne résulte pour elles que d'un bienfait du Pouvoir (5), mais encore leur formation constitue le plus souvent un délit, la simple réunion même a été parfois incriminée. Chose singulière, à mesure que les idées libérales pénètrent davantage dans les institutions publiques, la loi se fait ici plus restrictive. Ces rigueurs, du reste, ne visent pas uniquement les sociétés secrètes et les clubs qui sont justement prohibés (6), elles constituent le droit commun à l'égard des associations vivant au grand jour et poursuivant un but utile ou tout au moins indifférent.

Le fait de s'associer plus de vingt personnes sans autorisation devient, dans le Code pénal de 1810 (art. 291), un délit frappé des

(1) Les Sociétés populaires furent, à raison de leurs excès, prohibées par la Constitution de thermidor an III et le décret du 7 thermidor an V.

(2) Tels les établissements d'assistance ou d'enseignement.

(3) « Il n'y a de pouvoirs que ceux établis par la volonté du peuple exprimée par ses représentants... il ne peut y avoir d'action que celle de ses mandataires revêtus de fonctions publiques. C'est pour conserver ce principe dans toute sa pureté que, d'un bout à l'autre de l'Empire, la Constitution a fait disparaître toutes les corporations et qu'elle n'a plus reconnu que le corps social et les individus. » (Rapport sur la liberté d'association a l'Assemblée Constituante, au nom du Comité de la Constitution)

(4) Cependant, dans l'opinion commune, elles ne peuvent pas acquérir à titre gratuit.

(5) Sous forme de décret en général ; il faut une loi pour les congrégations d'hommes ; un arrêté préfectoral suffit pour les associations syndicales autorisées (Loi 21 juin 1865)

(6) Décret 28 juillet 1848, art. 13. Loi 14 mars 1872 sur l'association internationale socialiste des travailleurs. Pour les clubs le dernier texte prohibitif est la loi du 30 juin 1881.

peines infligées par ailleurs au voleur (art. 401). Sollicitées par trois fois de rapporter ce texte, les Chambres de la Restauration s'y refusent et, sous le Gouvernement de Juillet, la loi du 30 avril 1834 l'aggrave. Si la Constitution du 4 novembre 1848 accorde aux citoyens, par son article 8, « le droit de s'associer, de s'assembler paisiblement et sans armes, sans autre limite que les droits ou la liberté d'autrui et la sécurité publique », ce n'est pas pour long-temps, car le décret du 25 mars 1852 revient en arrière et étend même les rigueurs du code pénal aux simples « réunions publi-ques de quelque nature qu'elles soient » (1). Contempteurs sévères d'un tel état de choses tant qu'ils ont été dans l'opposition, les républicains, une fois au pouvoir, se sont peu hâtés a faire œuvre de liberté, ils ont laissé volontairement dans l'oubli leurs projets de loi sur la matiere déposés, semblerait-il, pour la forme (2); presque tous ces projets d'ailleurs, inspirés par des sentiments mesquins et sectaires (3), établissent, au détriment des associations religieuses haies et redoutées, des inégalités choquantes, leur refu-sant, sous une forme plus ou moins déguisée, une liberté qu'ils proclament indispensable pour toutes les autres associations.

Quant a la personnalité civile, dans ces divers projets, il appar-tient toujours au Parlement ou au Pouvoir exécutif de la conférer à chaque groupe qui se constitue ; c'est un privilège, une faveur qui lui est accordée, le plus souvent eu égard a la personnalité de ses membres, non un droit qu'il puisse revendiquer en raison du but utile par lui poursuivi; il y aurait la, d'après la proposition ré-cente de M. Goblet, un principe fondamental de notre droit public. Est-elle acquise du reste, cette personnalité est singulièrement restreinte, car la loi (4) ou les statuts de l'association réservent la nécessité de l'autorisation gouvernementale pour tous les actes importants de la vie civile.

Enfin et c'est ici l'œuvre propre de la troisième République, une législation fiscale, toute speciale aux associations, notamment aux associations religieuses, supprime quant a elles le principe de l'égalité devant l'impôt et leur impose, en outre des charges com-munes a tous les citoyens, deux impôts particuliers : la taxe sur le

(1) L'exercice du droit de réunion a été autorisé et réglementé par les lois des 6 juin 1868 et 30 juin 1881.

(2) 18 projets ont été déposes de 1871 au 31 decembre 1895.

(3) Exception doit être faite en ce qui concerne la proposition de loi déposée par M. Dufaure, en 1880.

(4) Notamment les articles 910 et 937, C. civ., pour les acquisitions a titre gratuit. Les decrets des 25 mars 1852 et 13 avril 1861 n'ont pas abandonne le principe mais seulement transféré du chef de l'Etat au prefet le droit d'autoriser dans certains cas.

revenu et le droit d'accroissement converti avec aggravation en taxe d'abonnement (1).

Une seule loi, celle du 21 mars 1884 (2) sur les syndicats professionnels, se montre vraiment libérale en ce qu'elle supprime pour leur constitution la nécessité de l'autorisation préalable et surtout en ce qu'elle ne sépare pas de l'idée d'association l'idée de personnalité morale avec faculté de devenir propriétaire. Loi exclusivement économique malheureusement, n'indiquant nullement une tendance générale de notre droit public vers la liberté; loi d'exception qui consacre pour certaines associations un privilège considérable faisant d'autant plus ressortir les entraves dont souffrent toutes les autres. Elle est en outre incomplète en ce qu'elle n'accorde que dans une mesure trop limitée le droit d'acquérir et de posséder.

Bref quant a l'ensemble des associations en France, il faut : 1° une autorisation pour soustraire leurs membres aux rigueurs du code pénal dès lors qu'ils sont plus de vingt, se fussent-ils partagés en sections d'un nombre moindre (3); cette autorisation est toujours par essence précaire et révocable; — 2° une autorisation, par décret en général (4), toujours révocable, pour acquérir la personnalité civile, la capacité d'avoir un patrimoine : — 3° une autorisation nouvelle du préfet ou du chef de l'Etat pour chaque acte important de la vie civile, la perte de toute indépendance étant le prix de la capacité civile. Avec l'inégalité fiscale en plus, tel est en raccourci le tableau de la législation française sur les associations.

Trois motifs peuvent expliquer le maintien d'un tel régime aussi rigoureux qu'injuste :

1° Des préjugés existent, nés de souvenirs historiques. Longtemps on a redouté la liberté d'association comme devant nécessairement et presque uniquement favoriser la création de groupements politiques dont l'action menacerait l'existence des gouvernements mal assurés; on invoquait en ce sens la tradition révolutionnaire. D'autre part. la mainmorte, l'accumulation sur une tête qui ne doit pas mourir de biens-fonds importants effraie encore aujourd'hui beaucoup d'hommes, aux yeux desquels on a exagéré les inconvénients, réels quoique limités, qui s'étaient produits de ce chef a la

(1) Lois 28 déc. 1880, art. 4; 29 déc. 1884, art. 9; 16 avril 1895, art. 3 et suivants.

(2) Il y faut joindre la loi du 30 nov. 1892, art. 13, pour les syndicats de médecins.

(3) Les associations religieuses ont besoin, même au-dessous de ce chiffre, d'une autorisation que seul le chef de l'Etat peut donner. En cas d'infraction, sans même prendre un jugement constatant le délit, le Gouvernement disperse les membres *manu militari*.

(4) Rappelons que pour les congrégations d'hommes, il faut une loi.

fin de l'ancien régime. — Pour parer à ces dangers, dans la mesure où ils peuvent exister, répondrons-nous, il n'est pas nécessaire, il est même à certains points de vue nuisible d'entraver l'association vivant au grand jour, il suffirait de prendre quelques précautions que nous indiquerons plus loin.

2° L'égoïsme des partis a sa part de responsabilité. Dès que l'Etat, s'éloignant de Dieu pour outrepasser sa mission providentielle, incline au Césarisme ou à la Révolution (ce qui au fond est identique), il devient jaloux de son autorité et défiant à l'égard de l'association. Le gouvernement d'un parti ne saurait accorder la liberté aux autres ; pourquoi renoncerait il volontairement a la législation de 1810, gênante pour les seuls adversaires puisqu'aucune autorisation n'est refusée aux amis. Motif plus apparent que jamais aujourd'hui, car l'admission d'une large liberté d'association pour des intérêts non exclusivement pécuniaires profiterait surtout, nos gouvernants le savent bien, a leurs adversaires et aux groupements religieux

3° Mais la cause véritable et profonde de l'état de choses actuel c'est la conception inaugurée en 1789 du droit et de la société politique, c'est l'individualisme dont la Déclaration des droits est la charte. Dans nos lois civiles, on rencontre une seule unité sociale: l'individu, et une seule espèce de droit: le droit individuel. De même, en droit public, l'individu n'a au-dessus de lui que l'Etat et la souveraineté nationale, dont la loi est l'expression, est une émanation directe de la souveraineté individuelle proclamée par la Déclaration de 1789. Entre l'Etat et l'individu, la doctrine révolutionnaire ne veut aucun groupe, le préambule du décret du 14 juin 1791 fait de cette thèse une « maxime fondamentale » (1), ces corps pourraient être dangereux pour le nouvel état de choses et sont, en tous cas, inutiles, l'Etat se chargeant de pourvoir a tous les besoins collectifs

Appliqué à l'association le jour où elle a reparu, ce même principe a mis dans la main de l'Etat tous les groupements qui se sont formés ; son autorité et son influence en ont été accrues d'autant, puisque seul il leur communique la vie et qu'il intervient nécessairement dans les affaires de ceux admis à la personnalité morale. De telle sorte que ces corps qui, dans une sage organisation, sont, en qualité de forces indépendantes, d'utiles contrepoids a la puissance de l'Etat, servent au contraire en France à consacrer son omnipotence en la faisant pénétrer dans la sphère des intérêts privés. Système contraire au sens et à la pratique de la liberté, contribuant

(1) Voir aussi le rapport précité à l'Assemblée constituante au nom du comité de la Constitution.

pour sa part à cette conséquence dernière de l'individualisme : l'écrasement du citoyen par l'Etat de plus en plus centralisé, même au point de vue économique.

Réforme nécessaire.

A ce régime condamné par la raison et par la pratique, il faut substituer une législation proclamant la liberté de toute association formée dans un but légitime. Voici quels en devraient être selon nous les principes essentiels (1) :

1º Pour toute association religieuse ou laïque, à l'exclusion des sociétés immorales, criminelles ou contraires à l'ordre public, liberté complète de constitution, à charge seulement de remplir quelques formalités administratives de publicité.

2º Personnalité morale acquise par le fait même de la constitution dans les conditions légales, avec droit pour l'association d'avoir un patrimoine distinct de celui des associés et possibilité d'acquérir même à titre gratuit, à la condition d'employer ses biens à la poursuite de la fin précisée par les statuts ;

3º Contrôle du pouvoir judiciaire sur les actes de l'association ; notamment elle ne pourrait être dissoute que par un jugement et pour une violation de la loi ou l'entier accomplissement de l'œuvre entreprise ;

4º Droit pour l'Etat de choisir, pour se décharger sur elles de certains services, celles d'entre les associations qui, poursuivant un but d'intérêt plus général, seraient qualifiées, au sens propre du mot *Etablissements d'utilité publique* et recevraient certaines faveurs particulières. Cas unique où l'Etat aurait un rôle dans la constitution des associations.

Ces règles étant admises, resterait à en préciser l'application pour éviter tant l'arbitraire du juge que ces abus de la liberté dégénérant en licence exposés si magistralement par Monseigneur le Comte de Paris (2). Ici l'hésitation et la divergence de vues sont à prévoir et nous ne formulons les solutions suivantes qu'a titre d'indications:

1º Toute association serait soumise a l'obligation d'une triple publicité, publicité des statuts, publicité des noms des administrateurs (3), publicité du bilan financier annuel (4) ; publicité effective

(1) Les trois premiers sont indiqués par Monseigneur le Comte de Paris, *Une liberté nécessaire*, p. 10.

(2) *Une liberté nécessaire*, p. 12 et suiv.

(3) Ces deux premières publicités seules sont exigées des Syndicats professionnels par la loi de 1884.

(4) Relativement au bilan et au compte annuel de la gestion financière, on pourrait emprunter quelques règles à la loi sur les Sociétés commerciales.

résultant de l'insertion de ces documents dans les journaux locaux, de leur envoi au greffe du tribunal et de leur dépôt dans un endroit où tous les pourraient facilement consulter, publicité dont l'absence ou l'infidélité (1) seraient sévèrement punies, toute inexactitude du bilan étant assimilée par exemple a un faux en écriture commerciale. Ainsi on éviterait : 1° la formation d'une société secrète et coupable même sous le couvert d'une société publique et légitime, préexistante ou non; 2° l'impunité pour les fraudes ou malversations des gérants; enfin 3° l'ingérence de l'Etat dans l'administration du patrimoine social, faute d'un prétexte sérieux pour le faire intervenir.

2° Un texte précis définirait les associations interdites comme contraires à l'ordre public d'après leur but ou les moyens d'action par elles employés, ainsi que les actes de ces associations qui, comme l'emploi de la grève générale pour interrompre un service public, seraient érigés en délits. La loi édicterait en pareil cas, comme aussi dans l'hypothèse de la constitution d'une société secrète quelconque, des peines sévères contre les membres de l'association dont la dissolution pourrait, pour les plus graves de ces faits, être demandée par le ministère public ou tout particulier intéressé.

3° L'entrée dans l'association, sous réserve du droit d'exclusion établi par les statuts dans certains cas limités au moins au profit des membres actuels, serait permise a toute personne majeure, maîtresse de ses droits. Les membres seraient toujours libres de s'en retirer, a charge par eux de remplir préalablement tous les engagements pécuniaires qu'ils auraient pris vis-à-vis de l'association

4° Tandis que les obligations contractuelles assumées au nom de l'association n'engageraient que le patrimoine social et les biens des administrateurs, les délits imputables à ses représentants en cette qualité, v. g. l'attentat a la liberté du travail, ouvriraient a la victime dudit délit une action en responsabilité pécuniaire, tant contre le fonds social et les administrateurs tenus solidairement que contre tous les associés chacun pour une part virile. Garantie efficace contre des abus de pouvoir, cette responsabilité aurait en outre l'avantage de faire surveiller de près par les associés les actes de leurs mandataires.

5° Tant pour donner satisfaction aux préjugés tenaces contre la mainmorte que dans l'intérêt même des associations, la capacité d'acquérir serait limitée quant aux immeubles dont la possession

(1) Les associations devraient tenir des registres de comptabilité dont la production pourrait être ordonnée, le cas échéant par les juges.

excite les convoitises et provoque les suspicions. Ou bien, généralisant la règle posée par la loi du 21 mars 1884 pour les syndicats professionnels, on n'admettrait dans le patrimoine social que les immeubles *nécessaires* à la fin énoncée aux statuts. Ou bien, système préférable à nos yeux car le premier nous semble à la fois trop rigoureux et d'interprétation élastique, la loi déterminerait la valeur maxima susceptible d'être possédée par les associations en biens-fonds, en tenant compte seulement des immeubles productifs de revenus a l'exclusion de ceux, nombreux dans le patrimoine des institutions charitables, qui constituent de véritables charges.

6° Seules seraient possibles pour l'association les acquisitions a titre gratuit de nature a permettre ou faciliter la poursuite du but indiqué aux statuts. Le principe de la spécialité des établissements publics ou d'utilité publique, dont on fait depuis quelque temps un si étrange abus, ne présenterait plus d'inconvénients dès lors que, grâce a la liberté, tout groupement ayant une destination utile pourrait se constituer; tout au contraire, les associations éviteraient, par cette spécialité, la dispersion de leurs énergies et de leur action ; rien d'ailleurs de plus conforme à la théorie juridique faisant reposer la capacité d'acquérir sur le faisceau des volontés constitué par l'unité de but. L'association ne pourrait donc pas recevoir une libéralité ayant une destination qui ne rentrerait pas dans sa sphère d'action.

On réserverait d'ailleurs aux héritiers et ayant-cause du bienfaiteur le droit de poursuivre, mais seulement devant les tribunaux, l'annulation ou la réduction des libéralités faites a l'association. L'annulation pourrait être prononcée pour les causes de droit commun, par exemple pour captation ; la réduction interviendrait si un legs par exemple était, par son importance, de nature a modifier sérieusement la condition sociale et de fortune des héritiers. Ceux-ci auraient en outre une action contre l'association pour faire maintenir aux revenus des biens donnés la destination assignée par leur auteur.

7° Enfin en cas d'extinction ou de dissolution d'une association, il appartiendrait aux tribunaux, après remise des biens ou sommes acquis par elle à titre gratuit aux donateurs ou à leurs représentants, de partager son patrimoine entre les associations qui, dans la région, poursuivraient un but analogue (1). Ce droit ne s'exercerait d'ailleurs qu'à défaut d'une disposition desdits biens faite dans les statuts de l'association qui disparaît ou par l'assemblée générale de ses membres au profit d'un autre établissement.

---

1) Analogie, Loi 24 mai 1825, art. 5, pour les congrégations de femmes.

Quoi qu'il en soit de ces points de détail, la liberté d'association s'impose. Seul un gouvernement chrétien et assez fort pour être libéral se dépouillera d'attributs usurpés et opèrera la réforme: elle doit donc figurer au frontispice du programme royaliste. Il est possible que ses effets bienfaisants ne soient point immédiatement sensibles : les hommes ont besoin de s'accoutumer aux conceptions nouvelles et la doctrine individualiste règne malheureusement aujourd'hui dans la majorité des esprits comme dans les lois. Mais chaque citoyen s'habituera peu à peu à chercher dans l'association libre un secours pour sa faiblesse, une protection pour ses intérêts, une barrière contre les empiètements et l'ingérence tracassière de l'Etat, et ainsi se constituera une société harmonieusement organisée, capable d'une vie féconde et d'un véritable progrès social.

HENRY TAUDIÈRE.

J. DELOM DE MEZERAC.

Paris — Imprimerie J. Picquoin, 53 Rue de Lille